लफ़्ज़ों की सीपियाँ

स्नेह दत्त

समर्पित

मेरे सब अपनों को

मन के क़रीब सब नातों कों

To my Grandchildren who are sparks of my life

Siyona

Vir

Ayaan

Saivi

क्रम-सूची

प्रस्तावना   xi

भूमिका   xiii

पावती (स्वीकृति)   xv

1. ज़िंदगी   1

2. ग़म   4

3. इश्क़   5

4. वक़्त   8

5. ख़ामोशी   11

6. पत्थर   12

7. ख़ंजर   13

8. आईना   14

9. धूप   15

10. इंतिज़ार   16

11. परिंदे   18

12. वह   20

13. फिर मिलेंगे   21

14. आरज़ू है   23

15. जाने क्या बात है   25

16. गर इजाज़त हो तो   26

17. अब क्या कहें..   28

18. हाइकु   31

19. चंद अशआर   33

क्रम-सूची

20. हक़ीक़त यह भी   35

21. रिश्ते   37

22. कुछ सच ऐसे भी   39

23. दिल   41

24. आग   43

25. सूरज   44

26. दर्द   45

27. सरहदें   47

28. सफ़र   48

29. नींव   49

30. दूरियां   50

31. अख़लाक़   51

32. कभी   52

33. मजबूरी   53

34. याद   54

35. पुल   56

36. टग ऑफ़ वार   58

37. काश   59

38. पटरियाँ   60

39. कंजूस   61

40. मुग़ालते   62

41. निगाहें   63

क्रम-सूची

42. हमारी कवायदें — 64

43. Let's Barter — 66

44. बेज़ुबान गिरहें — 68

45. अलबेली ज़िन्दगी — 69

46. शतरंज — 70

47. अनकही बातें — 71

48. हाथ की लकीरें — 72

49. रेत के घर — 73

50. गोद — 75

51. दोस्त — 77

52. गुलमोहर — 79

53. देखने दे आईने को — 81

54. मेरी आँखें — 82

55. कैसे कह दूं — 83

56. भला कैसे — 84

57. कॉकटेल — 85

58. पीढ़ी — 86

59. दिलचस्प सिलसिले — 87

60. मैं — 89

61. ज़िंदगी के रंग — 91

62. ऐ वक़्त! — 92

63. आग और पानी — 94

64. मैं कौन हूँ!! — 95

क्रम-सूची

65. किताब मेरी — 97

66. ज्यों की त्यों — 99

67. पिटारी — 101

68. हौसला — 102

69. कैनवस — 105

70. Benefit Of Doubt! — 107

71. बड़े अच्छे लगते हैं — 108

72. पहला प्यार — 110

73. सवाल — 112

74. रंगों का क़ाफ़िला — 113

75. गुल्लक — 114

76. जिस्म — 116

77. चलो ,छोड़ो! — 117

78. बग़ावत — 118

79. जाने से पहले — 120

80. वो कैसे ज़िंदा है!! — 121

81. शाम और दीये — 123

82. वक़्त का बहीखाता — 124

83. ख़्वाब — 125

84. इतवार — 127

85. धनक — 129

86. मन की झील — 130

87. डर — 132

क्रम-सूची

88. लफ़्ज़ों की सीपियाँ. 133

89. Fate Is Destiny 134

90. I Wish 135

SIYONA 137

चंद लफ़्ज़ आख़िर में 139

प्रस्तावना

" लफ़्ज़ों की सीपियाँ", स्नेह दत्त की एक ऐसी किताब है जिसमें ज़िन्दगी से जुड़े पहलुओं को गहराई से छूते हुये अहसास कहीं अशआर ,कहीं नन्ही सी कविता में ढल, सीपियाँ बन क़ाग़ज़ पर सजने निकले हैं.

इनमें ज़िन्दगी प्यार,दिल,रिश्ते-नातों और आसपास बिखरी हक़ीक़त से जुड़े जज़्बातों की सरगोशियाँ हैं
उनकी ख़ूबसूरती उन अहसासों में छिपी है जिन्हें महसूस कर लफ़्ज़ों में पिरोया गया है.

भूमिका

अहसास तावीज़ से ,मन की परतों में छिपते रहे
क़लम ख़ंजर सी ,ज़ख़्मों के रंग में डूबती रही
लफ़्ज़ ज़ेवर से, बंजर काग़ज़ पर सजते रहे
दर्द के तेवर गिरवी से, अशआर बन बहलाते रहे
स्नेह

पावती (स्वीकृति)

Thanks to my Grandson Vir
for his technical and moral support though just
being 10 years old.

Love and Blessings

1. ज़िंदगी

उमड़ता सा यह सैलाब अहसासों का,
ज़िंदगीनामा
चक्रव्यूह अनकहे सवालों ,अनबूझे जवाबों का
ज़िंदगीनामा

**

मैं ज़िंदगी हूँ
यह जो रक्स कर रहे हैं
शबनम से क़तरे
ख़्वाब,उमंग और हौसले हैं मेरे.

**

मैं ज़िंदगी हूँ
यह जो झुक गया है अदब से
फूल सा नाज़ुक वक़्त है मेरा.

**

उसके माथे की लकीरें
उसकी ज़िंदगी की हेडलाइंस
उसके दुःख- दर्द की परतें
उसकी ख़बर छिपाये बैठी हैं.

**

ज़िंदगी के कान भर गया
वह वक़्त जो गुज़र गया

यह जो बारिश में बह जायेगा पन्नों से
रंग है ज़िंदगी का,उतर तो न जायेगा

**

जो भूल नहीं वह अब लफ़्ज़ों में ढलता है
ज़िंदगी का सफ़र शायद यूँ ही चलता है।

**

ज़िंदगी के साथ भी न होते हुये रिश्ते देखे
ज़िंदगी के बाद भी रह जायेंगे कुछ

**

अपनी शर्तों पर जीने की
हमारी कवायद को
ज़िंदगी अपनी ईगो पर ले जाती है.
बस,यहीं रार ठन जाती है.

**

मैं ज़िंदगी हूँ
मेरे सिरों पर टिके हैं अदब से
मेरे वक़्त के शबनम से नाज़ुक लम्हे

**

ज़िंदगी अब क्यों थाम रही हो हाथ मेरा
होश के दायरे में हूँ,लड़खड़ाई नहीं हूँ अभी
थोड़ी सी थकन ही तो है बस,उतर जायेगी.

**

आंखों में ठहरा रहा पानी और
एक आग से गुजरते रहे
ज़िंदगी के मिज़ाज
कुछ देर से समझ आये.

**

ज़िंदा रहने को ज़रूरी है पानी भी नमक भी
यही सोच कर आंसू बनाये हैं उसने शायद
वाह ,क्या शायराना मिज़ाज पाया है ख़ुदा ने.

**

सुनो,
रात में गर हवा चले
बचा लेना हाथों की ओट देकर.
मैं लौ हूँ!
सुबह आने तलक ही तो है बस
ज़िंदगी मेरी.

2. ग़म

ऐ दोस्त ,
ज़िंदगी से समझौता कर तो रहे हो
पर ख़्याल रहे कि
ग़मों की कड़वाहट
तुम्हारे ज़ायक़े का हिस्सा न बनने पाये।

**

ग़म कहता रहा उसकी कुछ लिहाज़ तो करें
ख़ुशी तो बस चंद लम्हों की मेहमान है आख़िर

**

कभी ग़म में भी मुस्करा लेते हैं हम
कभी ख़ुशी में भी छलक आते हैं आंसू।

**

हंसने की बात पर हम रोये,ख़ूब रोये
ग़म भी हैरान से हैं कि संग हंसे या रोयें

3. इश्क़

तल्ख़ हालात से चाहत झुलस गई
इश्क़ में और कुछ हो न पाया अक्सर

**

आता ही नहीं कभी छूटा हुआ ,छोड़ना
सच ही सुना था,इश्क़ में और कुछ नहीं होता

**

जिस्म की मज़ार पर न चढ़ा फूल बातों के
इश्क़ में एक रूह भी है और, छूने के लिये

**

मज़हब और दौलत के रहनुमाओं के
अहम ओ गुमान ने छुआ था
उनके इश्क़ को
तभी एक नाता
वहीं थम के रह गया
बेजान से वजूद लिये.
सोचा न था
अंजाम में होगा
इश्क़ का पुर्ज़ा पुर्ज़ा हो जाना.

What an example of failed Midas touch
सोना न बन पाया इश्क़.

**

वो कभी सीता,कभी राधा तो कभी मीरा हो गई,प्रेम में
उसने ही वक़्त लिया राम और कृष्ण बनने में प्रेम में.

**

रूह तक न पहुंचे तो फिर जज़्बा क्या है
इश्क़ में महज़ जिस्म की दहलीज़ न लांघ.

**

इश्क़ में और कुछ भी इस बार करके देख तो ज़रा
रिश्ता है तो वाबस्तगी भी उसी से रख के देख ज़रा.

**

बे-क़रारी में क़रार लिये बैठे हैं सब
इश्क़ मेंऔर कुछ हासिल नहीं होता.

**

दरख़्तों को देखा है भीगते हुये,बारिश के इश्क़ में
मानो वज़ू कर रहे हों ,सजदे में झुकने से पहले.

**

अहसासों की धनक है उसके दिल में
इश्क़ में महज़ बावरी नहीं है वो.

**

अपने ही बनाये पुल पर खड़ी रही कब से वो
न जाने इश्क़ में बावरी थी या ख़ुद से फ़रार वो.

दरख़्त का सिंदूरी होना
मोहब्बत का सुकून है
या फिर
जोग ओढ़ लिया पत्तियों ने और
राब्ता छूटने का इशारा है
दरख़्त का गेरुआ होना.

**

तुम-
फ़ासलों में सिमट कर रह गये.

मैं -
दूरी नापती रह गयी.

रास्ते -
मुख़बिर हो गये अनकिये सलाम के.

वक़्त-
मुंतज़र रह गया अनकहे पयाम का.

ज़िंदगी-
चलती रही क़दमों को संभालने के बाद.

बस ,इतनी सी है दास्तान
इश्क़ से मुलाक़ात की.

4. वक़्त

कुछ नाते ऐसे होते हैं जिन पर
वक़्त की धूल कभी नहीं जमती
देखना,अब कभी मिलेंगे जब
साफ़ साफ़ ही आयेगा नज़र सब.

**

गर वो पल लौट आयें तो
मैं जी लुंगी उनको इस बार.
दिल की सुनुंगी बस
वक़्त को भेज सरहद पार.

**

महज़ सवाल नहीं हो सिर्फ़ तुम
जवाब भी हो
बस, ख़ुद को छू कर तो देखो ज़रा

**

वक़्त को शायद हरा रंग पसंद है
सो, कुछ ज़ख़्म हरे ही रहने देता है

**

वक़्त को कटघरे में खड़ा करना है अब
हक़ीक़त ने सपने देखने से रोक लिया जब

**

लगा लगा कर अपने गुज़रे वक़्त में पैबंद
बूढ़ा दरख़्त हवाओं से लड़ रहा है अभी तक.

**

लम्हों का कर्ज़दार रहा उम्र भर,
वक़्त की क़िस्मत तो देखो.
वक़्त फिर भी न मांग पाया हिसाब
लम्हों की अस्मत तो देखो.

**

संग चलना है मेरे या नही !
यह वैसे भी तो पूछ सकता है वक़्त.
हर बार ठोकर लगा के ही पूछने की जरूरत क्या है!
जानती हूं ,जवाब भी उसके ही पास है सारे
बस, इस अंदाज़ में सवाल करने की
अपनी आदत से मजबूर है.

**

वक़्त की उतरन, सुनो!
पहन लिया तुम्हें मैंने
नये लिबास की तरह
ज़िंदगी अब बेपैरहन नहीं.

**

बनकर मुंसिफ़ वक़्त कभी पूछ ले न उनसे सवाल.
किरदार की गवाही में कुछ लोग थे जो मुकर गये.

**

ज़िंदगी की चाल से चाल मिलने के लिये
बोझिल लम्हों को रखते रहे कभी इधर कभी उधर.

**

वक़्त के सहरा में कमल खिलाने के लिये
रेत को भी नम कर रखते रहे कभी इधर कभी उधर .

**

वक़्त पेश करता ही रहा कुछ न कुछ बिसात पर
कभी कुछ समझे कभी क्या समझे,नासमझ से हम.

**

वक़्त की नाफ़रमानी पर चीख़ना भी एक हुनर है
वक़्त रहते हुनरमंद न हुई ,आज भी अफ़सोस है .

**

वक़्त कब ठहरा है भला
यादों को लंबी उम्र की दुआऐं देता है
और गुज़र जाता है.

5. ख़ामोशी

इस ख़ामोशी में शोर क्यों है
शायद
तन्हा ख़ामोशी और पसरे सन्नाटे में
बातचीत की आवाज़ का शोर है.

**

दोस्त, ख़ामोशी चुन तो रहे हो झील की मानिंद
अपने संग अहसास के दरिया की रवानी भी रखना.

**

अपने ख़ामोशी से जाने नहीं देते
जो जाने देते हैं वो अपने नहीं होते.

**

ख़ामोशी तो तुम्हें सुनाई नहीं देती,बस यह बता दो
कितनी ज़ोर से पुकारूं तुमको कि तुम सुन लो.

**

ख़ामोशी हम कितना भी भूलना चाहे ,बहलाना चाहें
मन की सच से ख़ामोश सी मुलाक़ात हो ही जाती है.

**

चंद लफ़्ज़ों की ओट लिये बैठी है ख़ामोशी मेरी
अब देखना यह है कि ज़ब्त से कौन काम लेता है.

6. पत्थर

झील नहीं समझ पाती
अपनी ही लहरों में
दायरे उठने की वजह.
उठे हैं उसके मन में भी सवाल
जब भी किसी के पत्थर से
अपने सुकूत को टूटते पाया.

**

मुझ पर भी उछाले गये हैं पत्थर न जाने कितने
उसी सिम्त से जहां रहते थे कहने को सब अपने.

**

समेटती रही फिर मैं तमाम वो पत्थर उनके और
दबाती चली गयी उनको नींव में,किरदार की अपने.

7. ख़ंजर

बाक़ी न बची है अब जगह पीठ पर कोई
यह देख ख़ंजर भी परेशान हैं अब दोस्त के

**

कोई जगह नहीं मिलती पीठ पर ख़ाली
यह देख कर ख़ंजर बेचारे लौट जाते हैं।

**

चुभा पीठ में कुछ जब तो पलट के देखा,ख़ंजर था।
गले लगाने वाले दोस्तों की मुस्कान तब समझ आई।

8. आईना

उसका चेहरा अपने ही
अक़्स से नहीं मिलता
शोख़ियाँ भूल न जाये आईना,
देख यह तस्वीर ज़माने की

**

तू मेरा दोस्त है कि नहीं
यह जानना अभी बाक़ी है।
मैं बनूं जब भी आईना
तेरा पत्थर उठाना बाक़ी है।

**

अजब रिवायत है इक दूज को आईना दिखाने की
यह ज़हमत ख़ुद के लिये भी हो तो कोई बात बने

**

सन्नाटा हैरान है देख कर आईना
शोर कितना छिपा है अक़्स में उसके

**

क्या वह लोग आईने से भी लड़ते होंगे
जब नक़ाब उतार कर ख़ुद को देखते होंगे

९. धूप

बादलों के बीच से निकल कर
धूप कुछ यूँ आई जैसे
सूरज से चुरा कर कुछ पल
चुपके से लाई हो जैसे.

**

आज धूप कुछ यूँ आई आँगन में
जैसे ठान लिया हो कि
उसकी तपिश से हमारे साये एक हो जायें
और
वह दिल की सीढ़ियां उतर कर
हमारी चाहत की बुनियाद तक जा पहुंचे.

**

जब शाम ढले अपनी धूप लिये सूरज थक कर लौट रहा
था
तब जाकर कहीं आसमान को अपने चाँद तारों की याद
आई.

**

बादल कब तक ओढ़ेगा मन
सुहानी धूप अब रोपेगा मन.

10. इंतिज़ार

वक़्त के ग़ुबार तले
धुंधला गईं है ख़ुशियाँ,थोड़ी सी.
इन पर जमी परतें
मिल कर हटाने को रहेगा इंतिज़ार तेरा.

**

यह यक़ीन है न जो तुम्हारा
दबे पांव चला आता है संग मेरे
इसकी ख़ामोशी फिर कहती है
लौट आओ कि कोई इंतिज़ार करे.

**

लौट आओ कि
लौटा सकूं तुमको
इंतिज़ार अपना.

**

आजकल फ़ासलों का रिवाज़ है दरकार,
रहेगा इंतिज़ार तेरा कि तू इसको तोड़ कर आये.

**

ताले जड़ तो दिये थे कुछ तल्ख़ यादों पर
रहेगा इंतिज़ार तेरा कि तू चाबियां लौटाने आये.

**

लफ़्ज़ तुझ में भीग महकने लगे हैं अब
तू न मिला मुझे ,न सही पर रहेगा इंतिज़ार तेरा.

**

इतनी ख़ूबसूरती से उसने मंज़र बयान किया कि
इंतिज़ार के तमाम लम्हों की कसक मन तक पहुँची.

**

इंतिज़ार था परवाने का या थी जुस्तजू उजाले की
कितनी शिद्दत से यह शमा पूरी रात जली होगी.

**

शाम ढले जब इंतिज़ार के साये लंबे होने लग जायें
बता कितने दीये जलाऊं कि साये लंबे न होने पायें.

**

जाने से पहले
वो दहलीज़ पर रुकी रही थी
देर तलक
इंतिज़ार में कि
पुकारेगा कोई
ओ ,जाने वाले सुन
मत जा!
रुक जा!

11. परिंदे

दाना, दुनका, पंख, परवाज़
और फिर
सौंप देना बच्चों को आसमान.
परिंदे सिखाते हैं हमें
अपनी हदें
और
अपनों को जुदा करके का हुनर.

**

काट कर पंख परिंदों के
क्यों तू उनको पिंजरों मे बंद रखता है?
क्या तू उनकी परवाज़ का है कायल
और उनके आसमानों से डरता है?

**

सिमटे रहने के शाख़ ने कई वास्ते भी दिये
परिंदे ने फिर भी परवाज़ ही चुनी आख़िर.

**

कितने बेखौफ़ हैं परिंदे
जो चुन लेते हैं
झील के पानी पर झूलता
शाख़ का सिरा भी

नशेमन बनाने के लिए
या
इंसानों का ख़ौफ़ है
जो यहां ले आया है इन्हें.

**

खोखले से आसमान तले बैठे
पूछ रहे हैं इकदूजे से,
यह कैसी ख़ामोश सी शाम आई है!
न चहचहाहट है,
न घोंसला बचा ,न शाख़ रही.
बच्चों ने अपने पर ही तो तोले थे, बस
आंधियों को किस बात की जल्दी थी,आख़िर!!

12. वह

उसके होंठो पर हंसी और आंखों में नमी है
वह ढूंढ रहा है आख़िर उसकी ख़ुशी किधर है.

**

दिखता नहीं है हाथ में उसके गिरेबाँ ख़ुद का
पर किसी बात पर झगड़ रहा है वह ख़ुद से.

**

रंगों की तलाश में कब से यूं ही दौड़ रहा है वह
भला ,अब कहां गुन्चों पर बैठी मिलती हैं तितलियां.

**

हक़ीक़त की यह तस्वीर बदलनी ही होगी अब
वह दिल में छिपे अरमानों को यही कह बहलाता है.

**

आस पास कोई भी नहीं है उसके,अकेला है वह अब
अपना चेहरा क्या ऐसे में भी न उतारेगा,वह अब ?

**

बिछड़ना नहीं चाहता वह,थमा है जो दहलीज़ पर
रोक लो न उसे ,दीवारों में भी कोई रास्ता ढूँढ कर.

13. फिर मिलेंगे

सुनो,
फिर मिलेंगे
बस तुम इंतिज़ार के लम्हों मे
शिकायतों के गुन्चे न खिला बैठना
इश्क़ की तितलियां ख़ुशबू पहचानती है.

**

सफ़र की इब्तिदा है तो
चलो अभी सब सच कह दो
बाद में किसी मोड़ पर
तुम्हें कहना न पड़े "फिर मिलेंगे.

**

वो रस्मन ही कह गया था कि 'फिर मिलेंगे'
मैं ही समझे बैठी रही कि वादा कर गया है.

**

ठहरी हुई हूं उसी "फिर मिलेंगे" पर अब तलक
यकीं है कभी तो बढेगा वक़्त अपनी तींरगी से आगे.

ऐतबार है फिर मिलेंगे हम कहीं इसी जहान में
सुनते आये हैं न कब से कि यह दुनिया गोल है.
**

ख़ुदा न करे हमें कभी कहना पड़े कि 'फिर मिलेंगे'
दुआ है आग़ाज़े -मोहब्बत अपने अंजाम तक पहुँचे.

14. आरज़ू है

तुम मेरे सुकून के बाइस रहो
आरज़ू है बस इतनी ही.
अब इसके लिये भी दिखावे का
कोई रिश्ता हो ,ज़रूरी तो नहीं.

**

आरज़ू है मेरी
खो जाना
अनजान सी पगडंडियों पर.
देखूं ,तू ढूंढ़ भी पाता है क्या मुझे!

**

आरज़ू है तेरी
बुलंदियो को छूता रहे.
दुआ है मेरी
ज़मीन से भी राबता रहे.

**

शब भर की जागी हूँ
तन्हाई से बातें करते करते.
सुबह को जो नींद आये तो
कोई भी जगाये न मुझे
बस ,इतनी सी आरज़ू है.

**

क़श्ती में बैठने वाले की आरज़ू है तैरना भी सीखे
डर है किनारों का सिलसिला न जाने कब टूट जाये.

15. जाने क्या बात है

जाने क्या बात है
अपनी अपनी शनाख़्त करने को
हर रोज़ आईने से रूबरू होना
लाज़िम क्यों नही करते.

**

कह तो दिया था बड़ी नाज़ से
जाओ भूल जायेंगे हम भी तुम्हें.
जाने क्या बात है मगर
ख़ुद पर यक़ीन नहीं आता.

**

जाने क्या बात है अब दिल दिमाग़ की नहीं सुनता
यह मोहब्बत है या सरहदे अक़्ल से गुज़र जाना.

**

जाने क्या बात है, मैं हाल पूछूं तो ढ़ांप लेता है
दर्द को भी इक अदा से ओढ़ता है मन मेरा.

**

जाने क्या बात है आँख में नश्तर सा चुभ जाता है
कहने को तो महज़ पानी ही है यह आंसू मेरा.

16. गर इजाज़त हो तो

तुम कहते हो कि
आज भी इज़्ज़त करते हो
तुम उन रास्तों की
जहां से होकर हम गुज़रे थे.
चलो,चलते हैं फिर से एक बार
तुम्हारे आज की हक़ीक़त की
गर इजाज़त हो तो ....

**

थोड़ा थोड़ा जी कर
सबमें
पूरी सी हो जाती हूं.
गर इजाज़त हो तो
शुरू कर लूं
ख़ुद को भी गिनना
सब में.

**

यह रवायतें,
वक़्त के साथ नहीं चल रही.
गर इजाज़त हो तो
आज तोड़ दूं ज़ंजीरें इनकी.

साहिल पर खड़े रह कर
यूँ ताक़ीद न बस करो.
दरिया को आज़माना है एक बार
गर इजाज़त हो तो ...

**

हम ख़ुश नज़र आते हैं
हैरान हो कि राज़ क्या है!
गर इजाज़त हो तो
अब ज़ख़्मों को ज़ुबा दे दें.

**

मुझसे मेरी तन्हाइयों ने
सवालात बहुत किये.
गर इजाज़त हो तो
अब ख़ामोशी को ही जवाब देने दूं!

17. अब क्या कहें..

अब क्या कहें ख़ुद से कि कौन हैं हम
रूबरू होना ख़ुद से आसान भी कहां.

**

ख़ुदा था मेरा वो नाख़ुदा भी
डूबने से पहले उसे अब क्या कहें.

**

समन्दर था वो पहले जो सहरा हो गया
अब क्या कहें, कब , कैसे ,क्या हो गया!!

**

हंस के उड़ा दी बात मगर दिल रोया ,रोता गया
अब क्या कहें एक अहसास था जो तन्हा हो गया.

**

अब क्या कहें मौसमों का मिज़ा ज
कभी ख़िज़ाँ, कभी बहार का यह पता है.

**

अब क्या कहें कि ख़ुदा क्या है
आइने में नहीं है बस इतना पता है.

ख़ामोश है बवंडर बोलो अब क्या करें
टूट गया है अंदर कुछ बोलो अब क्या करें.

**

ग़ैर पूछने लगे हैं चलते चलते हाल मेरे दिल का
अब क्या कहें, दोस्ती का ज़ायक़ा चख लिया हमने.

**

बबूल की हसरत है उस पर फूल खिलें
अब क्या कहें उसको यह किसका करम है.

**

चीख़ने को मन है वक़्त की बेज़ुबानी पर
अब क्या कहें ज़िंदगी को उसकी बेईमानी पर.

**

अना की क़ैद से बाहर निकल तो सही
इससे पहले तुझ से कहें तो अब क्या कहें.

**

तोड़ने ही होंगी ज़ंजीर ख़ुद तरसी की तुझे
छटपटाने से नहीं हो जाती वह पानी,अब क्या कहें.

**

सुना है पिंजरे में बहार आने को है कल परसों
पुकार रही है आंखों में बे-ज़बानी, अब क्या कहें.

इब्तिदा की इब्तिदा थे कभी अब क्या कहें
इंतिहा की भी इंतिहा हो गये ,अब क्या कहें.

इब्तिदा की इब्तिदा थे कभी अब क्या कहें
इंतिहा की भी इंतिहा हो गये ,अब क्या कहें.

18. हाइकु

जलती धरा
सूरज को साया दे
दरिया बन

**

अपना ग़म
छोड़ हाशिये पर
जी तो ले ज़रा

**

सच ही तो हैं
सुख और दुख भी
ज़िंदा होने के

**

मेरा मन नादान
झूठ को सच माने
खाता है धोखा

**

सन्नाटा सा था
किलकारियां गूंजी
ग़म दूर जा छिपा

मां है एक
और घर हमारा
संसार सारा

**

चेहरा चुप
पढ़ के देखो ज़रा
आईना आंखें

**

तेरा मिलना
हुई हो जैसे कोई
दुआ क़ुबूल

19. चंद अशआर

एक क़ातिल के अंदर छिपी
दरिंदगी भी पछताती तो होगी।
जब उसकी मासूम सी बेटी
खिलखिला कर गले लग जाती होगी.

**

हाँ और नहीं के पीछे कब से छिपी है जो
उस मोहब्बत के इक़रार से इंकार,क्या कहने!

**

बातें अधूरी न रहे दरम्यान तो अच्छा है
जुड़ेंगे नये सिरे,पुराने उधड़ जाये तो अच्छा है.

**

शायद ज़ख़्म पूरी तरह भरे नहीं हैं अब तलक
इनके ज़िक्र से दिल दुख जाता है अब तलक.

**

सपनों की फ़ितरत है ,अपनी राहें चुन लेना
दर्द ने भी अब लिहाज़ में चुना है संग चल लेना.

**

मुक़म्मल नहीं होती है यह तलाश,
इसकी फ़ितरत ही है अधूरा रहना.

**

बंद आंखों में पले ख़्वाब जानते हैं हक़ीक़त
चुभते तिनको से ही कर लेते हैं ताबीर अपनी.

रात ने भले ही कितना भी दिया हो अंधेरा
सूरज ने फिर भी उजाला ही बिछाये रखा.

******

मजबूर कहां होती हैं भला यह दोस्ती की रवायतें
बेलौस अहसास हैं यह तो ,रिश्तों की ज़द से परे.

******

ख़ुदा की जगह ख़ाली है,यह अफ़वाह उड़ा दो यारों
बस इंसानों के लिए फिर रह जाये यह ज़मीं ,शायद.

******

अधूरी बातों की गिरहें उलझ न जाये कहीं
अपने अपने अहसास के सिरे थामे रखना.

******

एक अहसास और

भारत की ख़ुशहाली पर कुछ पैबंद लगे है
गुरबत,बदहाली,फ़िरकापरस्ती के
अपने अपने हिस्से की कोशिश से
आओ,यह तस्वीर बदलते हैं.

20. हक़ीक़त यह भी

सपनों की क़ीमत मांगती रही ताउम्र ज़िंदगी,
यह उसके मुक़द्दर की थी चाल।
हक़ीक़त जानते हुये भी
ख़ुद को बहलाते रहना
यह उसके तसव्वुर का था कमाल।

******

फूल से ख़्वाबों को हक़ीक़त से कराने को रूबरू
उनकी ताबीर में कुछ ख़ार भी रख लिये हैं हमने।

******

हमने देखा वो कर रहा है एक पत्थर से दो शिकार
छिपा दिया सारी चिड़ियों को घनी सी एक झाड़ी में।

******

हमने तो ज़िक्र किया था बस यूंही बेवफ़ाई का
देखो तो कितने तिनके छटपटा उठे सबकी दाढ़ी में।

******

हमने ठीक से सहेज भी न पाये उनको हैरानी में
लौट भी गईं ख़ुशियां आईं थी शायद दिहाड़ी में।

हाथ थामा तो था ख़ुशी का पर
संग चलना न था तक़दीर में.
छुअन का अहसास भर थामे रहे
ख़ुद को बहलाने की तदबीर में.

******

ठहरे पानी से दुआ की फ़सल उगाना आसान न था
आंखों से टपक कर बह जाने से बमुश्किल रोका था.

******

मन की डगर ही चलने की अब लगन सी है .
दुनिया छोटी सी वही अपनी बस, मगन सी है.

******

ख़ुदतरसी से भला बदले हैं कभी हालात के तेवर
ख़ुद के हौसलों ही को एतबार की हवा देते रहिये.

21. रिश्ते

ज़िंदगी के सफ़र में फ़ासलों के सलीब थामे रिश्ते
सच से मुलाक़ात के ख़्वाबों को हैं हमसफ़र रखते.

**

जमा घटा से उपजते हुये रिश्तों से हुई मुलाक़ात
ज़ख़्मों का हरे रंग से एक गहरा नाता जोड़ जाती है.

**

उन दोनों की छत तो एक है पर आसमान हैं अलग
यूं तो दीवारों के बीच मुलाक़ात हर रोज़ हो जाती है

**.

न ही नहीं ,हाँ भी कहना जरूरी है कभी कभी
प्यार से बढा हाथ सहम न जाये कल क्या पता.

**.

अपने ही खोखलेपन का इश्तहार हैं कुछ लोग
इनके दोहरे चेहरों के बीच हम लिये बैठे हैं बस एक
कैसे गुज़र हो!

**

लोग तो ज़िंदा रहे पर रिश्तों के जनाज़े उठते देखे हैं
अपने कांधो पर धरे जिनको ज़िंदगी ताउम्र चलती है.

**

सब मिल कर चलें सादी सी यह एक ख़्वाहिश है
ज़रा बताना तो कोई बेहद सी यह उम्मीद तो नहीं!

**

ना-बीना नज़र आया तू मेरे अहसास से जब
ब्रेल में लिखा फिर ख़त अपनी उंगली पर तेरे लिये
जान लेंगी मफ़्हूम, उंगलियां तेरी शायद अब
तेरी ही ज़बान में लिख दिया है दिल,आ पढ़!
(ना-बीना - blind, मफ़्हूम -मायने/अभिप्राय)

**

तुझे जानते हैं बहुत करीब से ,ऐ दोस्त
कोई तोहमत फ़ासले ला नहीं सकती.

22. कुछ सच ऐसे भी

पत्थर तक सँवर जाते हैं
गर उसे सलीक़े से तराशा जाये.
पत्थरदिल में भी दिल ही तो है
बस,उसे प्यार से पुकारा जाये.

सच है क्या!

**

ख़ुशी ख़ुशी तेरे हर इम्तिहाँ से गुज़र जायेगा
सच जानता है मगर मानता नहीं,दिल ही तो है.

**

झूठे झूठे से सच कैसे कैसे
अनबन है आपस में जैसे.

**

चमकीले झूठ संग बस यूं ही जीने से तो बेहतर है
तन्हा ही रहें अपने हर खुरदुरे सच के साथ हम.

**

चमकीले झूठ के आसान से रास्तों को छोड़कर
तारीक के सच की सिम्त बस यूं है चल पड़ी मैं.

सजना आईने के लिए वो तो सच जीता है रोज़
ख़ुद के लिये सजना ज़रूरी सच क्यों नहीं होता.

**

तल्ख़ी लेने ज़हर,जब भी सांप को ढूंढने निकला
सच है,सांप हर बार नई आस्तीन की तलाश में मिला.

23. दिल

दिल ही तो है
मांगता है रब से
एक और ज़िंदगी
जीने के लिये.
यह तो काट दी तमाम
बस सोचते हुये.

**

साया बने है मेरा, कभी धूप बनता है
दिल ही तो है, क़र्ज़ बराबर करता है

**

वो जानता है तू उसके मुक़द्दर में नहीं
फिर भी नजूमियों से पूछ रहा है कि
तू कहीं हाथ की लकीरों में तो नहीं
आख़िर नादान दिल ही तो है.

**

किसी बड़ी ख़ुशी की तलाश में
छोटी ख़ुशियों को भी
अक्सर कर लेता है ख़राब
दिल कितना पागल है, बेचारा.

दिल से दुआयें लेने का रिवाज कहां है भला अब
हां,दिल दुखाने का चलन ख़ूब नज़र आता है.

**

कितने ज़ख़्म लिये बैठा है दिल मेरा,
फिर भी
न हरा हुआ ,न ही नीला जिस्म मेरा
मैं सोचती थी कि
एक दूजे से जुड़े हैं दोनों पर
इनकी यह पर्दादारी कमाल की निकली.

**

गवाह बना कर तन्हाई को
ज़ख़्म भरने का भरम
कभी तोड़ने,कभी रखने को
उनके दाग़ों से अक्सर
बातें करता रहता है मेरा दिल.
सच कब समझेगा,न जाने!!
सच कब मानेगा ,न जाने!!

24. आग

ज़िंदगी में सच जीने का हौसला कर लिया जब से
आग के से रंग के ज़ख्म मन में सजा रखे हैं तब से.

आग और ज़ख़्म,दोनों के ग़म हैं एक ही से कब से
सुलगते हैं हौले हौले ,हवा की साज़िश रही है जब से.

नाफ़रमान यादें छुड़ा ही लेती हैं उँगली अपनी मुझ से
अलाव सा बन जलने का शौक़ पाल लिया है कब से.

25. सूरज

यह शाम,समन्दर और सूरज..
उफ़ुक़ से मुलाक़ात का मंज़र दिखाता हुआ
गंदुमी उजाले फैलाता हुआ.
उम्मीदों की क़ंदील जलाता हुआ.
सिंदूरी इशारों से समझाता हुआ
कह रहा है कि वह डूब नहीं रहा
आग़ाज़-ए-सहर की तैयारी है.

**

सुना था
पत्थर डूब जाते हैं
फिर
पथरीला मन कैसे तैर रहा है
ग़म के दरिया में.
यह आंसुओं का खारापन है
जो डूबने नहीं देता
या
फूल सी नाज़ुक
एक उम्मीद कि
डूबता सूरज भी तो
कल उगेगा फिर से!

26. दर्द

काश,हर दर्द का इलाज नींद ही होती
सुबह भी न उठा पाये मुझे फिर
मैं इतनी गहरी नींद सोती.
मगर,ख़्वाबों में ही है खुल जाती
नींद मेरी अक्सर
मैं तब न जागती हूं ,न सोती हूं
लाइलाज से होते हैं
कुछ दर्द शायद.

**

हंसी के परदे के पीछे
कुछ दर्द सीने में छिपे रहते हैं
गुज़र गये सदमों की धरोहर से.

**

आख़िरी तिनका था
वह एक दर्द मुझमें.
छूट गया मगर
मुझसे मिला गया मुझको.
जो टूटा,बिखरा,बदला
और जुड़ा मुझमें
दौलत वह सारी की सारी
सौंप गया मुझको.

बता तो,
दिल की साफ़ शफ़्फ़ाफ़ ज़मीन पर
यह ज़ख़्म के फूल खिलाये किसने!
हक़ीक़त की पाक़ीजा सफ़ेदी पर
यह दर्द के लाल रंग बिछाये किसने!

**

यह कैसा दर्द है जिसकी expiry date ही नहीं
वक़्त का मरहम भी बेअसर सा है
ज़ख़्म अब भरे तो भला भरें कैसे
ज़िंदगी भी अब तो मुख़्तसर सी बची है .

**

दर्द को एक मुद्दत से गुज़रना होता है
तब ही जाकर ज़ख़्म हरे कम हो पाते हैं.

27. सरहदें

मन के लिये कोई सरहद नही
जहां पैर रखे वही है अपनी ज़मीं.

**

बस दो क़दम ओर मन की सरहद है ,
बस दो क़दम छोर पर फ़ासले आज़ाद हैं.

**

बस दो क़दम उसकी ओर चल के जाना था
तू थमा नहीं या कि बीच में ज़माना था!

**

मायने खो बैठते हैं क़ुर्बत के लम्हे भी
फ़ासले दिलों के जब दरम्यान होते हैं.

**

दो क़दम और, बस दो क़दम और, कहते जाना है
मंज़िल आने तलक दिल को यूंही बहलाते जाना है.

**

सरहद ख़्यालों की होती नहीं सबको पता है
कभी पूछ ले आकर फिर ख़ैरियत ख़्वाबों की.

28. सफ़र

मंज़िल की तलाश नहीं यूँ ही चलते रहना नसीब था
सफ़र में मिली सज़ा ,मेरे दामन में सजा सलीब था.

**

उसके पाँवों ने
किसी दरवाज़े या दहलीज़ से
न जोड़ा कभी कोई रिश्ता.
एक घर अपना लेकर घूम रही है
फिर भी
कब से एक बंजारन,देखो!

29. नींव

नाम भी भले ही न जिनका दरवाजों कभी लिखा जाता है
वही तो हैं जो फिर भी घर बना देती हैं उन मकानों को.

उसकी मज़बूती पर ही तो जो सदा टिके रहते हैं
नींव भला फिर भी कहां जताती है यह मकानों को.

30. दूरियां

पहचानी आवाज़ के पीछे के
चेहरे की पहचान खोना है,दूरियां.
पास है पर साथ नहीं तब फिर
बहुत नज़दीक से दिखती हैं,दूरियां.

**

क्या हुआ है?

यह कहने,पूछने का अन्दाज़
सारे समीकरण बदल सकता है.
नाते सुन्दर रखने के लिये
कोई वादा ज़रूरी भी नहीं.

**

मन के कांधो पर धरे
बेताल सी अनकही बातें
उम्र भर न चलते रहना.
यह अक्सर बैसाखी बन जाती हैं.

31. अख़लाक़

अगर आयें जो कहने पर मन की बात
देखना ,छोड जायेगें कुछ लोग साथ.

आसान होता है दूसरों को सीख देना
ख़ुद जो अमल में न लाते हैं सही बात.

**

गलत और सही अख़लाक़ के
सादा से कुछ पैमाने तो रहे हैं सदा .
औरों के लिये उन्हें देखें
ख़ुद के लिए पर अनदेखा करते रहें
यह भी कोई बात है भला!

**

नहीं पसंद बहती गंगा में धोना हाथ
ख़ुद्दारी में सने हैं तो सने हैं मेरे हाथ.

32. कभी

ख़ुद से मिला करो कभी कभी
एक उम्र और नहीं मिलेगी अभी.

**

धूप ने कब चाहा है जलना उसका मुक़द्दर हो
पेड़ की छाँव कभी उसको भी तो मयस्सर हो.

**

अपनी कहानी से जिनको हटा दिया था तुमने
वही बेद़ख़ल लफ़्ज़ कभी पूछ लें मायने अपने,तो?

**

ज़ख़्म का रंग गहरा था कभी
मेरे मिज़ाज को भाया था तभी.

33. मजबूरी

ठंड कितनी भी हो बहुत पर कहां रुक पायेगा वो
अंदर की आग ने जिसे बाहर जाने के बहाने दे दिये.

**

उसका न घर है,न कंबल है,न रज़ाई
बचने को ठंड से
भूख से सुलगते बहाने आंच देते रहे
जूझने को ठंड से.

**

बचपन गंवाते चेहरों का भी तो
एक अदद रंग होता है.
मेहनत के पसीने से मैले कपड़ों का भी तो
एक अदद रंग होता है.
उस रंग के गुब्बारे मगर कहीं नहीं मिलते!

**

ख़्वाब में अपने घर गया हो शायद
न जगाना फुटपाथ पर सोने वाले को.

34. याद

नाइंसाफ़ी है अच्छी यादों के संग
उनको पहला दर्ज़ा न देना
सो
करते रहें विसर्जन दुखती यादों का.
बेताल बनाने से भी क्या हासिल होगा भला!

**

बचपन की यादों को सहेज कर रखना इबादत सा
जीने की राह में रौशनी को जैसे दीया जला रखा हो.

**

मन सहरा,आंखें समन्दर हो चुकीं तुम्हारी याद में
लौट आओगे भी तो अब मुझ में क्या पाओगे..

**

सारे झूठ सच से बदल कर देख लिये तुम्हारी याद में
लौट आओगे भी तो अब मुझे कैसे समझ पाओगे..

**

रात को दिन में घोल के भी देख लिया तुम्हारी याद में.
लौट आओगे भी तो अब मुझे कैसे समझा पाओगे.

**

अधूरी बातें गिरहें बन उलझ न जायें आपस में कहीं
अपने अहसासों के सिरे थाम रखे हैं तुम्हारी याद में.

**

यादें करती हैं सवाल
मांगती है जवाब
तेरे मेरे मौन से
उन लम्हों का
जो थे तो हमारे
पर संग नहीं गुज़रे.

35. पुल

न जाने किसके वादे पर एतबार किये बैंठे है कि

सारी ज़िंदगी गुज़ार देते हैं एक ही जगह यह पुल.

कितनी बातें सुनते होंगे गुज़र कर जाते राही की

कितनी बातें कहते होंगे बह जाते पानी से यह पुल.

कितनी शिद्दत से टिके होते हैं दोनों छोर पर यह पुल.

**

उधर जला कर पुल वो अब हमसे पूछ रहे हैं

इधर क्यों नहीं आते,करनी हैं कितनी बातें .

**

क़सम है न कोई वादा है.

अलग होकर भी

छोर जुड़े हुये हैं.

पुल सा हो जाना

आसान नहीं हैं

रिश्तों में.

**

पुल!

थमे हुये

अपनी सारी ज़िंदगी

एक ही जगह गुज़ार देते हैं.

ताकि लोग गुज़र कर उनसे

अपनी मंज़िल तक पहुँचे.

सब कुछ तो यकसां था
गुलदान,पानी,धूप का टुकड़ा.
न कांटे थे,न हवा,न ख़िज़ां.
शाख़ से जुदा फूल की
यह पंखुड़ियां फिर
किन लम्हों ने बिखेरी हैं!
शायद
दुआ और बद-दुआ के दरम्यान
राबते का पुल जल गया होगा.

36. टग ऑफ़ वार

कुछ सच्ची दास्तानों के यह किरदार हैं ग़ज़ब से
जीने के लिये ख़्वाहिशों का रंग बचा के रक्खा है।

मौसम के मिज़ाजों से बेपरवाह हैं और शायद
तेज़ हवाओं के लिए कुछ भी न बचा के रक्खा है।

सारे सच बेचारे मुंह बाये देखते ही रह जाते हैं
बेघर चेहरों की मुस्कान को ख़्वाबों ने बचा रक्खा है।

बच्चे के सवालों को मासूम हंसी ने छिपा रक्खा है
माँ ने अपने सारे जवाबों को दिल में बचा रक्खा है।

माँ है वो ख़ुद तो नहीं पाती हो शायद फिर भी
बच्चे केलिये अपने पास मोहब्बत को बचा रक्खा है।

शीशे के एक टूटे हुये टुकड़े में बस ,बहलाने को
इक मां ने अपना खोया बचपन बचा रक्खा है।

ज़िंदगी को टग ऑफ़ वार का खेल मान लिया है
खुले मैदान में खेलने बस एक मैट बिछा रक्खा है।

37. काश

काश..
दरख़्त से मोहब्बत कर लेती कुल्हाड़ी तो
चमन यह कितना फिर गुल ए गुलज़ार होता!

नज़रें औज़ार बन न देखती मजबूरों को तो
टूटे दिलों का मलबा फिर यह जहान न होता!

दर्द से मोहब्बत न होती जो मोहब्बत को तो
क़लम न फिर यह कभी किसी का औज़ार होता!

बचपन न जी पाते हैं कुछ मासूम सच है, देखो तो
वर्ना औज़ार ही क्यों नन्हे हाथों का खिलौना होता!

मोहब्बत के फूलों की क्यारियाँ हों सरहद पर तो
वहां कैसे फिर औज़ारे जंग या कंटीला तार होता!

38. पटरियाँ

दिन रात तेज़ रफ़्तार को अपने सीने पर सहते सहते
कितने ही ज़ख़्म कलेजे से लगाये पड़ी हैं पटरियाँ.

किसी बेबस की आखिरी सांस का गवाह हैं यह
हादसों के हिसाब का हिस्सा भी हैं यह पटरियाँ.

साथ और पास के फ़ासलों की मिसाल हैं यह
हर गुज़रती रेल की हमसफ़र हैं पटरियाँ.

लोगों को मंज़िल तक पहुँचाने में मददगार हैं पर
एक ही जगह थमे सफ़र का क़िस्सा भी हैं पटरियाँ.

हम जिन्हें देखकर भी कर देते हैं अनदेखा सा
उसके किनारे पनाह में लोगों की निगहबान पटरियाँ.

दिन भर की थकी मांदी होती हैं फिर भी
रात को भी चैन से कहां सो पाती हैं यह पटरियाँ.

39. कंजूस

सहरा ने तो निचोड़ दिया सब पानी, रीता हो गया
समन्दर को देखो मजबूरी ने कैसे कंजूस कर दिया।

धूप भी खुलकर नहीं बांटता वो अक्सर यकसाँ
मौसमों ने देखो सूरज को कैसे कंजूस कर दिया।

न थमा सका फूलों को कभी ख़ुशदिली के साथ
मोहब्बत ने देखो कांटो को कैसे कंजूस कर दिया।

सैलाब आंसुओं का है तैयार सब बहा ले जाने को
ख़ुद्दारी ने देखो आंखो को कैसे कंजूस कर दिया।

पहले यूं ही चली आती थी हँसी ,मिलने ख़ुशी से
हालात ने देखो उसको अब कैसे कंजूस कर दिया।

ख़्वाब भी कहां आ पाते हैं ख़ुद को बहलाने के लिये
हक़ीक़त ने देखो नींद को अब कैसे कंजूस कर दिया।

एक रोटी के चार टुकड़े कर रही है अपने बच्चों के लिये
मुफ़लिसी ने देखो एक मां को कैसे कंजूस कर दिया।

40. मुग़ालते

यक़ीन दिलाने से जो बना है राबता,बना रहेगा यूँही
सच ही न बदल जाये कहीं ,यह किस मुग़ालते में हो!

रूह की आवाज़ सुनने की फ़ुर्सत भी निकालो,यारों
जिस्म ही हो महज़ तुम,यह किस मुग़ालते में हो!

मरासिम ख़ुद से तुम्हारे यह कितने पुराने हैं आख़िर
आईना तो सच बोल ही देगा,यह किस मुग़ालते में हो!

क़त्ल किया है इश्क़ का तुम्हारी बेहिसी ने ही
उसकी मौत हादसे में हुई ,यह किस मुग़ालते में हो!

ख़ला को भरने का जतन,एक सिलसिला है,यारों
मंज़िल पर पहुंच गये हो,यह किस मुग़ालते में हो!

जज़ीरा सा मन कटघरे में खड़ा पूछ रहा है तुमसे
दरिया को ही मुंसिफ चुना,यह किस मुग़ालते में हो!

वक़्त आयेगा ज़िंदगी से सुलह करने को कभी तो
उठो ,जाग जाओ ,अब तक यह किस मुग़ालते में हो!
मुग़ालते मायने बदल देते हैं..........

41. निगाहें

यह सच है कि निगाहें बोलती हैं
इन्हें पढने की ज़रा सी ताब तो रखो.

यह अपनी एक अदद ज़ुबां रखती हैं
इन्हें सुनने की ज़रा सी ताब तो रखो.

अपनी हैं अभी भी या अजनबी हो चुकी हैं
इन्हें पहचानने की ज़रा सी ताब तो रखो.

निगाहें कभी-कभार निगाहों से लड़ भी लेती हैं
इन्हें अदब सिखाने की ज़रा सी ताब तो रखो.

निगाहें कभी ज़ख़्म देती हैं कभी क़त्ल भी करती हैं
इनसे जुर्माना लेने की ज़रा सी ताब तो रखो.

निगाहें ख़ुद से निगाह मिलाने से अगर कतराती हैं
इनके फ़ासले कम करने की ज़रा सी ताब तो रखो.

निगाहें बोलती हैं...

42. हमारी कवायदें

कभी ज़ख़्म खा के भी मुस्कुराते हैं
कभी मुस्कुरा के ग़म छिपाते हैं हम
यूँ अपना हौसला ख़ुद ही आज़माते हैं हम.

क़ाफ़िला लम्हों का आता है,गुज़र जाता है
कभी जी लेते हैं ,कभी ठहर जाते हैं हम.

गहरे समंदर सा सुकूत मन में लिये
हर मौज से लड़ना भी सीख जाते हैं हम.

छोटी सी बात पर ही ख़ुश हो जाते हैं हम
बड़ी बात पर अक्सर चुप रह जाते हैं हम.

ज़िंदगी की ज़रूरतों को पूरा करते करते
रूह की ख़ामोशी को सुनना भूल जाते हैं हम.

अँधेरे को रौशनी दिखाने की जद्दोजहद में
लौटेंगे न दोबारा ,यह याद कहां रख पाते हैं हम.

चारों तरफ़ बिखरे अपने ज़हन के टुकड़े
सहेज लेते हैं कभी उनके संग बिखर जाते हैं हम.

जो करते हैं प्यार उन अपनो के लिये ज़िंदा है
फिर भी दर्द देने वालों पर वक़्त गंवाते हैं हम.

जो करते हैं प्यार उन अपनो के लिये ज़िंदा है
फिर भी दर्द देने वालों पर वक़्त गंवाते हैं हम.

43. Let's Barter

मासूम सी ख़्वाहिश थी
रिश्ते ख़ूबसूरत से बने
मगर
वो शख़्स टूट गया
रिश्ते बनाता हुआ
जो जेब में बस
ख़्वाबों की रेज़गारी
लेकर चला था.
रिश्तों के पेचीदा लेन-देन में
रेज़गारी बिखर गयी.

उसे क्या पता था
होती है मोहब्बत भी
सोच समझ कर.
नफ़ा नुकसान का
हिसाब रख कर.

दोस्ती में भी कहीं कहीं
तिजारत है ज़मीरों की.
ख़ुदगर्ज़ी में कहीं
अनायें भी हैं गिरवी .

सलीका न था
सौदागरों की बस्ती में
इस कारोबार का
सो बरकत न हुई ,
बस,घाटे का सौदा हुआ.

वो अब जान गया है
गर चुप रहता है तो तन्हा है
और
बोले तो बग़ावत है
पर
वो अब पहचान गया है
रिश्तों मे पसरा
अनकहा
"Let's barter."

44. बेज़ुबान गिरहें

वक़्त कम और यह हर रोज़ का ज़िंदगी का सफ़र.
नज़रों में सिमटे से जुदाई के लम्हे
मन के अंदर हर रोज़ संग चले आते हैं
और यह सफ़र तय होकर भी पूरा नहीं होता.

तेरी ख़ामोशी के सिरे हाथ न आयें,ऐसा नही
मेरे हाथों को ही बेज़ुबान गिरहें खोलनी हैं.
देख ,कितने मुक़द्दस हैं यह हमारे हाथ
जिनमें मुक़द्दर की तामीर हो रही है.
प्यार की ख़ुशबू से बंधे यह हाथ
जुस्तजू में रंगे यह हाथ
क़रीब आकर थमे थमे से यह हाथ
अब अपनी लकीरें साझा करना चाहते हैं.

45. अलबेली ज़िंन्दगी

देख,ज़िंन्दगी भी है कितनी अलबेली!
जैसे दुआ के लिये उठे हाथ की हथेली.
कभी दिखती है सप्तरंगों सी सजीली
कभी बन जाती है यह एक पहेली
कभी लगती है यह एक सहेली
इस से मिलें जो कभी दर्द तो
दिल की बिसात पर बिसार दें.
इस से मिले जब भी ख़ुशियाँ तो
मिल बांट कर संवार लें.

46. शतरंज

ज़िंदगी नहीं होती है
शतरंज की बिसात सी.
एक ही आकार के
सफ़ेद और काले रंगों में बंटी.
अच्छाई और बुराई
सही और ग़लत
सच और झूठ
ख़ुशी और ग़म
हां और ना की
तयशुदा हदों में बंधी हुई.
वह ओढ़ती है
अक्सर
राख का सा रंग भी.

हाँ,
ज़िंदगी मगर होती है
शतरंज की बाज़ी सी.
ख़ामोशी और शोर
रफ़ाक़त और रक़ाबत
उम्मीद और नाउम्मीदी
हार और जीत के बीच झूलती हुई
स्लेटी से रंग की सी.

47. अनकही बातें

बातें ,जो तुम्हारे ज़हन में अब बसती हैं.
बातें, जो तुम्हारी ज़ुबान पर आ ठहरी हैं.
बातें ,जो होंठों से बाहर आने को बेताब बैठी हैं.
तुम से गुज़रती हुई हवायें मुझे छूकर
मुझे कह जाती हैं,वह तमाम बातें
और
मैं भी मुस्कान के पीछे छिपाकर
सारे 'अगर' 'मगर'
अपनी पगडंडियों का रूख़
तुम्हारी जानिब कर
ज़िंदगी की चाल से चाल मिलाने
तुम्हारी हमक़दम हो गई हूँ.

यह सफ़र अजनबी न बनने पाये
यह अहद भी नहीं मांगा
अनकही बातों का असर तो देखो!!

48. हाथ की लकीरें

तुमने पूछा था न!
हमारे हाथ में होती हैं मगर
हमारे हाथ में क्यों नहीं होती
हमारे ही हाथ की लकीरें!

तो सुनो,
पत्थर की तपिश से नहीं पिघलेंगी यह.
ख़ुदा ने सौंप दिया है
हमें ही यह काम भी
हमारे हाथ में उसकी बनाई लकीरों पर
हम खींचते रहें लकीरें अपनी भी.

चलो अब
हथेली सीधी करो.
एक फूल इबादत का
लकीरों के नाम रखना है
एक नयी इब्तिदा के लिये !!

इब्तिदा- शुरुआत,Beginning

49. रेत के घर

पहले,
बचपन में
रेत का बस एक ही पहलू देखा.
रेत के घरौंदे और प्यार की सीपियां!
यह घर ठहरते नहीं कब सोचा.
सोचा भी तो
एक और बनाने से कभी हारे नहीं
बचपन में.

अब
उम्र से लड़ते हुये
वक़्त की लहरों में बह गये
रेत के घरों की हक़ीक़त का है अहसास.
सो नहीं दिखती रेत में
वो पहले सी दिलकशी.

काश,
रेत के घर बनाते हुये बचपन की
मासूम दुआ हमको लग जाये
और हम
साहिल पर लहरों को मुंह चिढ़ायें.
बारिशों का जश्न मनायें.

रेत में फिर से घर बनायें.
अपने बचपन को
अपनों के बचपन संग
एक बार और जी जायें.

50. गोद

जब अपनी माँ की गोद से अलग हुई होगी तो बिलखी तो
जरूर होगी,नन्ही सी वह.
अपनी मां के दूध के लिए तड़पी तो ज़रूर होगी, नन्ही सी
वह.

एक नई गोद में उसे फिर थपथपाया तो गया होगा.
नये मां बाबा ने अपने सीने से लगाया तो होगा.
दिल बहलाने उससे खेला खिलाया तो गया होगा.
धीरे धीरे इस प्यार को अपने मन में बसाया तो ज़रूर
होगा.
नये आंगन में उसने फिर बचपन बिताया होगा.
अपने होने पर उसे यक़ीन आया तो ज़रूर होगा.
किसको मां कहे यह ऐतबार दिल में उपज आया तो ज़रूर
होगा.
फिर
वक़्त के साथ बदलते रिश्तों के झंझावात से
कोपल मन मुरझाया तो ज़रूर होगा.
अहसानों का कर्ज़ चुकाने अपने वजूद को दांव पर लगाया
होगा.
विदाई में उनकी दहलीज़ पर ख़ुद को भुलाकर ही
लादे हुये रिश्ते ढोने को अपना क़दम बढ़ाया होगा.

और फिर

ख़ुद के मां बनने पर ही एक नया जीवन पाया होगा।

मां न होने के कमी के अहसास को अपने बच्चों से कितना
छिपाया होगा।

जो ख़ुद के हिस्से में न आया,वह तमाम प्यार अपने बच्चों
पर लुटाया होगा।

मां क्या होती है उसके बच्चों को यह बिन कहे समझ
आया तो ज़रूर होगा।

51. दोस्त

न है ख़ून का रिश्ता कोई
न ही था साथ सदियों का
अनजान होकर भी मगर
अपनेपन का जज़्बा भर गई जो
तुम वही तो हो ,मेरी दोस्त!

ख़फ़ा सा हो वक़्त कभी जब
हाथ थाम ले जो
तुम वही तो हो ,मेरी दोस्त!

बोझिल सा हो दिल कभी जब
गुदगुदा कर हंसा दे जो
तुम वही तो हो ,मेरी दोस्त!

खो जाऊं अकेली सी कभी जब
ढूंढ ले आकर जो
तुम वही तो हो ,मेरी दोस्त!

सफ़र मुश्किल लगे कभी जब
चल दे साथ जो
तुम वही तो हो ,मेरी दोस्त!

भूल जाऊं ख़ुद को कभी जब
रख दे आईना सामने जो
तुम वही तो हो ,मेरी दोस्त!

पास न होते हुये भी
रहे हरदम संग जो
तुम वही तो हो ,मेरी दोस्त!

बचपन खोने नहीं दे जो
बडा कभी होने नहीं दे जो
तुम वही तो हो ,मेरी दोस्त!

ज़िंदगी की शाम को रौशन करे जो
तुम वह रूहानी अहसास हो,मेरी दोस्त!
हां,तुम वही तो हो ,मेरी दोस्त!

52. गुलमोहर

एक पेड़ गुलमोहर का
हरी भरी पत्तियों से भरी रहती थीं शाख़ें उसकी.
सुर्ख़ फूलों से सजा रहता था उसका बदन
गुलमोहर जो ख़ामोश गवाह था
मोहब्बत में किये वादों का
सुकून के लम्हों की हया का.
ऐसा लगता था
मानो फूलों ने जज़्ब कर ली हो
जज़्बातों की अंगार सी चमक
नरम अहसासों की हया सी लाली.

अब वो गुलमोहर था ही नहीं वहां
न जड़ें दिखीं ,न तना
ठूंठ भी न बन पाया .
किसी बच्चे की नादानी नहीं थी
न ही कोई तूफ़ान था गुज़रा
मौसम के मिज़ाज भी मुजरिम नहीं
उम्र छीन ली उसकी
एक जंगल ने सीमेंट के.

काश, मेरे अल्फ़ाज़
बन जायें गुलमोहर के फूल से
भावांजलि दे सकूं जिनसे
गुलमोहर के हर उस पेड़ को
जो अभी बच गया है
किसी उम्मीद की तरह.

53. देखने दे आईने को

ताल्लुक टूटने का बोझ भी ताउम्र मैं ही उठा लुंगी,मगर
तू पीछे न छिप,सामने आ,यह चेहरा ज़रा देखने तो दे
आईने को.

इतनी कुर्बत के बाद बिछड़ कर अब फासले ही तो होंगे
तू मुझे संभाल कर न रख सका,यह हादसा भी देखने दे
आईने को.

यह कैसा नाता था जो बिखर रहा है किर्चियों की मानिंद
वक़्त के साथ बदल गया क्या क्या, यह सच भी देखने दे
आईने को.

हक़ीक़त की बर्फ़ से अहसासों की आंच बुझ रही है
हाथ थामकर छोड़ने का यह मंज़र भी तो देखने दे आईने
को.

54. मेरी आँखें

न जाने कितनी आग छिपी थी इनमें
मुद्दत से थीं पत्थर की तरह मेरी आँखें.

सच कहने की सज़ा मिली थी इनको
चेहरे की दीवार में चिन दी गई मेरी आँखें.

कितने हादसे थे समाये हुये इनमें
दरिया सी फिर भी नहीं उफ़नी मेरी आँखें.

ख़्वाबों की किरचें बिखर गई थीं इनमें
बेवजह नहीं हुई थीं बंजर मेरी आँखें.

तुम ने बस देखा इनको,देखा नहीं इनमें
कितना कुछ तो बोल रहीं थीं मेरी आँखें.

ख़ुद्दारी की लौ के उजाले भर लिये हैं अब इनमें
काबा में सजदे सी,काशी की शाम सी मेरी आंखे.

55. कैसे कह दूं

आये भी पूछने वो हाल मेरा तो बाद एक मुद्दत के
अब अगर सारे सच कहना भी चाहूं तो कैसे कह दूं.

रास्ते अब भी मुंतज़िर हैं तेरे नक्शे पा के
उसके यहां से गुज़रे बिना उस से यह कैसे कह दूं.

जानती हूं वक़्त ने ही की है मुखबिरी मेरी
ज़िंदगी से फिर भी भला यह राज़ मैं कैसे कह दूं.

मेरे ख़्वाबों के जलने से जो हुआ यहां उजाला
लोग कहते रहे पर मैं उसे रौशनी कैसे कह दूं.

चली आती है बुझाने जो बार बार मेरे सारे दिये
मैं भी थकी नहीं हूं फिर हवा से यह मैं कैसे कह दूं.

56. भला कैसे

आपकी कड़वी बातों को मैं भला दोहराऊं कैसे
मुझ में साफ़गोई का ऐब सही ,बे-अदबी का नहीं है.

*

आपकी चुभती हुई बातों से मैं भला टूट जाऊं कैसे
मुझ में ज़ब्त है ,मसअला यह बे-ज़बानी का नहीं है.

*

आपकी छींटाकशी पर मैं अपना मयार गिराऊं कैसे
मुझ को ज़ौक़ अल्फ़ाज़ों की बे-लिबासी का नहीं है.

*

आपकी तसल्ली केलिये मैं आपसी भला होजाऊं कैसे
मुझमें वजह हैं बहुत, रवैया यह बे-हिसी का नहीं है.

57. कॉकटेल

ग़म और ख़ुशी की कॉकटेल है ज़िन्दगी और
बड़े ही शौक़ से मैं हूँ अपना प्याला बढ़ाये हुये.

बेख़ौफ़ कर दिया है अब तो इस के ख़ुमार
छलके तो छलके मैं तो हूँ बस जाम उठाये हुये.

वक़्त मुंह फेर कर कई बार मुझ से कहता है
बस ज़िद न कर ,पर मैं अब भी हूँ नज़र मिलाये हुये.

होश के दायरे में हूँ,मत गिन मेरे प्याले ज़िन्दगी
हाथ भी न थाम अभी ,मैं नहीं हूँ लड़खड़ाये हुये.

देखते हैं कौन अब पहले कहता है बस बहुत देर हुई
मुझको ख़ुमार चढ़ाये हुये या उसको यूं पिलाये हुये.

58. पीढ़ी

अपनी पीढ़ी को हमने प्यार दिया,तरबियत दी अब उनकी
बात भी समझने की गुंजाइश रखिये.
उनके हिस्से में भी चुनौतियां हैं,जद्दोजहद भी
अपनी शिकायतों की फ़ेहरिस्त को जायज़ रखिये.
उम्र का असर होता है ज़हन और जिस्म पर भी
मगर हर हाल में ख़ुद पर भी भरोसा क़ायम रखिये.
ख़ुदतरसी से कहां बदले हैं हालात के तेवर भीदी
अपने लिये कुछ जमा ख़र्च ज़रुर बचाकर रखिये.
वक़्त के संग बदल सकते हैं मायने नातों के भी
इस हक़ीक़त को हमेशा ख़ुद के रुबरु रखिये.

59. दिलचस्प सिलसिले

कितनी सुबहें बीत गयीं
और अब भी सुबह होती है.
आगे कितनी होंगी,नहीं बताती है ज़िंदगी.

जो नन्हीं बाहें गले लिपट मेरे
उगातीं थीं सुबह कभी
अब वही
अपनों की नन्हीं बाहों संग सुबह जगाती हैं.
मानों वक़्त दोहरा रहा हो ख़ुद को
और मुझको गवाह बनाती है ज़िंदगी.

मन न रीतता कभी जिनसे
ऐसी यादों के गहनों से
ख़ुद को सजाती है ज़िंदगी.

अपनों को उनके हिस्से की
चुनौतियों से आगे निकलने की
जद्दोजहद से जूझते भी दिखाती है ज़िंदगी.

उनसे अपनी शिकायतों को जायज़ रखना
हमको सिखाती है ज़िंदगी.

वह हमारे हैं,हर हाल में हमारे ही रहेंगे
डंके की चोट पर बताती है ज़िंदगी.

कितने दिलचस्प सिलसिले बनाती है ज़िंदगी.
गुड मार्निंग नये अंदाज़ में करके जाती है ज़िंदगी.

60. मैं

बारिश की बूंद में सिमटा दरिया, मन मेरा
रेत के ज़र्रे में सिमटा सहरा , मन मेरा.

**

चेहरे की झुर्रियाँ कहती है अपना फ़साना
उन में छिपा है मेरा ख़ुद का खो जाना.

**

ज़मीन बहुत सख़्त थी मेरे पाँवों के नीचे
नम करने को उसे ,मैंने फिर भी छाले नहीं फोड़े.

**

ज़मीन बहुत सख़्त थी मेरे पाँवों के नीचे
नम करने को उसे मैंने फिर अपने छाले फोड़े.

**

मैं तुम में ख़ुद को ढूंढ रही हूं
यह क्या ग़लत कर रही हूं?

**

यह जो रंजिशें हैं अनकही उम्मीदों में छिपी
आ पास ,मेरे संग बैठ ,आज कह दे सभी.

तारीकी के परे रौशनी भी तो हो सकती है
इसी यक़ीन पर दरीचा मन का खुला रखा है.

**

सादगी की फ़सल ही उगायी है अब तलक
मेरी दोस्ती का सबब भी यही है और उसूल भी.

**

देख कर दर्द पीने के,मेरे तेवर
अब त्यौरियां ज़ख़्मों की चढ़ें तो चढ़ें.

**

आपकी तरह नहीं मैं,इस वजह से हूँ न ,नापसंद
गर कम पड़ें तो बता देना कुछ और वजह भी दे दुंगी.

**

ज़माना करता है प्यार ,नफ़रत करने में जिनको
साफ़-गो और हक़-निगर होना वही तो ऐब हैं मेरे.

**

होश के दायरे में हूँ, लड़खड़ाई नहीं हूँ अभी
थोड़ी सी थकन है बस,ज़िंदगी हाथ थाम न मेरा.

**

नज़रों में भर मंज़िल और छोड़कर सारे अगर मगर
पांवों में बांधा है सफ़र,ख़ुद ही बन अपनी हमसफ़र.

61. ज़िंदगी के रंग

कुदरत करती है सिंगार
और इसे निहार
मन रंग लेती हूं मैं अपना
सुबह ,शाम .
भोर की शबनम की नमी से
सूरज की रौशनी की तपिश से
रात में चाँद तारों की रौशनी से
बादलों की नर्मी से
बारिश की बूंदों से
हवाओं की महक से
ज़मीन की ज़िंदादिली से
आसमां के बड़प्पन से
धनक की शोख़ियों से.
देखना कभी ग़ौर से
सिंगार में डूबी
कुदरत की हर शय को.
ज़िंदगी के सिलसिले
वहीं से तो हैं.

62. ऐ वक़्त!

ऐ वक़्त!
तुम से सीखे हैं जो सबक़
वही काम आये
ज़िंदगी की राहों में.

आज बुलावा है तुमको,
फिर से पढ़ाओ
एक नया सबक़.

अब भी
सहराता है मुझे
लोगों की
ख़ुदगर्ज़ी का मिज़ाज.
नाते बिना रिश्तों को
नाम देने का रिवाज़.
चेहरे और दिल में फ़ासलों का अंदाज़.

अब भी
कई बार
कुछ कम पड़ जाती हूँ
ख़ुद को समझने के लिये.

इसलिए
ऐ वक़्त,
आओ
एक बार फिर से पढ़ा दो
दोहरा दो
सबक़ उम्मीद का
ताकि
फ़ासले न बने फैसले.

63. आग और पानी

अपने हाथों से ही बुझाई थी आग.
अपनों की लगाई हुई
अपने वजूद को बचाने के लिये
और
अपने वो लोग आसानी से
आग को पानी कह कर
सच से मुकर गये.
उनको अपना कहते रहने की
गलती की है मैंने!

आज गंगा किनारे
अपने इन्हीं हाथों में
भर लिये हैं आचमन के लिये
आग और पानी
दोनों
और
सोच में हूँ
ग़लती तो नहीं की न!

वो भी हैरान सी तक रही है मुझे
मेरा अख़लाक़ देख कर.

64. मैं कौन हूँ!!

होश संभाला था तो बेटी थी.
दहलीज पर थी यौवन की तो
समझौतों की वेदी की आहुति थी
फिर
माँ हुई और सिर्फ़ माँ ही रह गई ,
प्यार में पगी.
भूल गई मैं कुछ और भी हूँ
जिसके तसव्वुर में उभरे थे कभी
नर्म नाज़ुक से अहसास
एक हमसफ़र के
जो हमदर्द भी हो
जो मन के सारे मौसमों का साथी हो
"सब ठीक है "
जैसे झूठ न बोल पाऊँ उस से कभी
और बोलूं भी तो वह यक़ीन न करे.
उसके सारे सच मेरे हों.
मुझसे मेरे लहजे में करे बात,
लफ़्ज़ों का इंतज़ार न करे,
मेरी ख़ामोशी को भी सुन पाये.

अब ,
तसव्वुर और हक़ीक़त के फ़ासलों से वाक़िफ़ हूँ

और
मेरी मुस्कुराहट तुम्हें बता देगी,
मैं खरपतवार निकाल चुकी हूँ.
ज़िंदा हूँ
मुक़म्मल ख़ूबसूरत नातों में
अपनों संग
अपनों के अपनों संग
अपने संग.
बिना किसी 'मैं' के.

65. किताब मेरी

यह किताब जिसे हर बार थामने पहुँचते हैं हाथ मेरे
इसकी जिल्द तपिश समझ चुकी है हाथों की मेरे.
मटमैला रंग गवाह है
यह किताब मेरी ही है.
लफ़्ज़ों के जिस्म में क़ैद ख़्वाब हैं.
हर्फ़ों के पिघले ताने बाने हैं.
ख़ामोश सी चीख़ में ढली
रंग उड़ी तहरीरें हैं.
माज़ी के झरोखे से निकल
वजूद से महरूम ख़्वाहिशें,
वक़्त के मंज़र,
पन्नों पर आंख मिचौली खेलते हैं.
वरकों के बीच सहेजा हुआ एक फूल है
जो सूखा तो धीरे धीरे ही था.

जानती हूं,आज की हक़ीक़त
इस सूखे फूल की नब्ज़ पर हाथ रख कर भी
इसकी धड़कन वापस ला नहीं सकती.
आंखों के पानी का खारापन
इसे नम भले ही कर दे,
इसको हरा भरा नहीं कर सकता.

सो रख देती हूं फिर से वापस
किताब उसकी जगह.
हर बार ..

66. ज्यों की त्यों

ख़ाकी मटमैले से चंद लिफ़ाफ़े
सुतली से थमे सूखे फूल.
मुझे कौन भेजेगा!!

हैरान सा हो,खोलकर देखा.
मेरी ही किताब थी
और वरकों के बीच
सूखा हुआ एक फूल.
न जाने रंग उड़ गया था
या समझौते की सफ़ेदी थी.
बहरहाल,
माज़ी के झरोखे से निकल
वक़्त के मंज़र
आंख मिचौली खेलने लगे.

मैंने नहीं खोले फिर बाक़ी लिफ़ाफ़े.
मेरी छूट गयी डायरी के पन्नों के सिवा
अब होगा क्या इनमें!
वजूद से महरूम ख़्वाहिशें होंगी.
लफ़्ज़ों के जिस्म में क़ैद ख़्वाब होंगे.
हर्फ़ों के पिघले ताने बाने होंगे.

ख़ामोश सी चीख़ में ढली,
रंग उड़ी तहरीरें होंगी.
बस!

जानती हूं,
आज की हक़ीक़त.
इन सूखे फूलों की नब्ज़ पर हाथ रख कर भी
इनकी धड़कन वापस ला नहीं सकती.
आंखो के पानी का खारापन
इन्हें नम भले ही कर दे,
इनको हरा भरा नहीं कर सकता.

सोचा,
सहेज कर रख पाये हैं
तमाम जज़्बात आजतक जो
कितने ख़ुशक़िस्मत हैं यह लिफ़ाफ़े
और फिर
सजा दिया इनको अपनी दहलीज़ पर
ज्यों की त्यों!

67. पिटारी

ख़्वाबों की एक पिटारी लेकर
अपने अंदर जब छिपना चाहा
अपने आप से ही टकरा गई मैं.
ख़ुद से ही बग़ावत करके फिर
सब अंधेरों का रंग बदलती गई मैं.
दिन न बन पाये वह सब तो फिर
सफ़ेद रात उनका नाम रखती गई मैं.
जागती रही ,ख़्वाबों के नाम रखती रही मैं.

68. हौसला

और कहां जाती !
यहीं से तो बटोरा
हौसला सारा जीने का.....

ज़मीन से सीखा हौसला
मुश्किलों का बोझ उठा पाने का.
आसमान से
यक़ीन ख़ुद के परे देख पाने का.

बादलों से सीखा हौसला
बेजा बंदिशों सेआज़ाद रह पाने का.

बूंदों से
मक़सद में जज़्ब हो जाने का.

दरिया से सीखा हौसला
उलझनों के बावजूद बहते जाने का.

पहाड़ से
मजबूत इरादों पर क़ायम रह पाने का.

पत्थर से

हर ठोकर से न लड़खड़ा जाने का.

दरख़्त से सीखा
जड़ों से राबता बनाये रख पाने का.

पत्तियों से
जीवन में पतझड़ का मौसम सह पाने का.

फूलों से
नज़ाकत को कांटो के बीच भी बचा पाने का.

बीज से सीखा हौसला
ख़ामोश रह नयी पहचान बनाने का.

हवा से
थकन पर काबिज हो चलते जाने का.

आग से
हालात से तप,जज़्बा निखार जाने का.

ग़मों से सीखा हौसला
मुश्किलों पर मुस्कुराने का.

ख़ुशियों से
भागते लम्हों में पूरी ज़िंदगी जी जाने का.

वक़्त से

उम्र के हर पड़ाव से अदा के संग गुज़र जाने का.

69. कैनवस

ज़िंदगी के कैनवस पर
यकायक छिटका दिये
कुछ गहरे काले,मटमैले से रंग
अपनों ने ही.
मेरी तस्वीर बदलने को
देकर तक़दीर का नाम.

यह मुझ पर था कि
उनके गहरे रंगों को
जज़्ब हो जाने दूं,
कुछ न करुं
या
खुरच कर खराब कर लूं.
बेरंग रह जाने दूं
ज़िंदगी का कैनवस.

आँखों पर से फिर
कुछ परतें उतार
मैंने चुना
एक ख़्वाब हक़ीक़त सा
और सजाती रही
ज़िंदगी के सारे मौसमों के रंग से.

अब
मैं रंगो में हूं या रंग हूं
ख़ुदा जाने!

70. Benefit of doubt!

जब मैंने बहुत कुछ कहना चाहा तो
मैं ख़ामोश रह गई हमेशा.
सोचती रही अंतर्यामी है वो
समझ लेना चाहिए ख़ुद ही
सो अनकही बातें
मन के कांधो पर
बेताल सी धरे
उम्र भर चलती रही.
नहीं जानती कि
यूं चलते रह पाना
उसके सुन समझ लेने की वजह से
मुमकिन हुआ
या कि
वही बातें बैसाखी बन गईं मेरी.
बस ,इसी बात पर
एक शुक्रिया तो बनता है

Benefit of doubt!
है न!

71. बड़े अच्छे लगते हैं

बड़े अच्छे लगते हैं-
भोर की शबनम
सुबह ,शाम
सूरज की रौशनी
रात में चाँद तारों की महफ़िल
बादलों में तस्वीरें
बारिश की बेसब्री
हवाओं की होड़
और
आग के रंग.

बड़े अच्छे लगते हैं-
ज़मीन की ज़िंदादिली
आसमां का बड़प्पन
धनक की शोख़ियाँ
तितलियाँ ,जुगनू ,
कोपलें,फूल
बहते पानी की कलकल
झरने,नदियां और समन्दर
जंगल की पगडंडियाँ
दरख़्तों की छांव
पहाड़ों के क़द

पत्थरों के ढंग
बर्फ़ की चादरक
और
साहिल की रेत पर क़दमों के निशान.

बड़े अच्छे लगते हैं-
गुब्बारे और बुलबुले
बच्चों की शरारतें
सपनों के पते
अल्हड़ उमंगें
बेबाक ख़ुशियां
और
ख़्वाहिशों के जश्न.

बड़े अच्छे लगते हैं-
मेहनती मुस्कान
जीने की कवायदें
अपनों की हिदायतें
दोस्ती की रवायतें
और
ज़िंदगी के सिलसिले...

72. पहला प्यार

देख कर उसको
वो धुकुर पुकुर मच जाना.
वो धड़कन का एक पल को रुक जाना.
वो फिर बेसाख़ता उनका तेज़ रफ़्तार हो जाना.
वो छू लेने,थामे रहने का जज़्बा मचल जाना.
बिन मिले बेकली का बढ़ जाना.
वो मुलाक़ात का मंज़र ज़हन में बस जाना.
बस अब जुदा न हों कभी
इस दुआ का दिल में बस जाना.

अगर यह पहले प्यार के हैं इशारे
तो
मुझे हुआ है कई बार
यह पहला प्यार

जब देखा था बिटियाओं को पहली बार.
जब छुआ था उनके दिल के टुकड़ों को पहली बार.
जब मिली अपनी रुह से जुड़ी दोस्त से पहली बार.
जब देखा था चार पांवों पर चल कर मेरी तरफ़ आते
बिना पंख के फरिश्तों को पहली बार.

काश होता रहे मुझको
बार बार
यह पहला प्यार .
ज़िंदगी से भर देता है मुझको
हर बार
यह पहला प्यार ...

73. सवाल

मेरा "मैं" मुझ से करने लगा
एक direct सा सवाल
पूछा-"तू" कौन है?

जल्दी से दिया जवाब-
"कुछ भी नहीं हूं".

डर था कर न बैठे
अगला सवाल कि
तू है ही क्या आख़िर ?

जानती हूं
" मैं " है ही क्या आख़िर !
आसमां की बुलंदी "मैं" का बौना पन दिखा देती है.
ज़मीन की गहराई "मैं" का सतहीपन जता देती है.
चिता की अग्नि "मैं"का अंतिम सच बता देती है
फिर भी ग़ाफ़िल "मैं" झूठ जीता रहता है

तो क्या जवाब देती !
है न!

74. रंगों का क़ाफ़िला

ज़िंदा रहने को मैंने बचा रखे हैं ..
अल्हड़ ख़्वाहिशों के रंग
मासूम उमंगों के रंग
खिलखिलाती हँसी के रंग
नन्हीं मुन्नी ख़ुशियों के रंग
नाज़ुक ख़्वाबों के रंग
प्यार के तितलियों से रंग
वफ़ा के फूल से रंग
ममता के धनक से रंग

बस,
इन्हीं रंगों का क़ाफ़िला
जमने नहीं देता पूरी तरह
चेहरे पर उदासी की रंग.

काश,तुमने भी की होती कभी कोशिश
बेरंग परतें हटा कर देखने की.
कितने उजालों के रंग हैं
जो रौशन हो उठते चेहरे पर.

75. गुल्लक

एक गुल्लक है मेरे पास.
यादों की गुल्लक
जो सहेजे है
सुहाना बचपन..
शैतान अठखेलियां..
हक़ीक़त की कुछ तल्ख़ियां..
झूठ की नींव पर टिके हादसे..
भीख से मिले कुछ अहसान..
कुछ अधूरी ख़्वाहिशों की चीख़ें..
उमंगों की ख़ामोशी..
कुछ ख़्वाबों की धड़कन..
ख़्यालों की तन्हाई ..
ग़म के कुछ बोझिल जज़्बात..
नमक लगे कुछ ज़ख़्म..
सूख चुके कुछ आंसू..
ज़िन्दगी की चुनौतियां..
दुनिया से मिले कुछ तजुर्बे..
हौसलों की जंग के लम्हे..
जीने के कुछ मक़सद..
मां होने के ख़ूबसूरत अहसास..
नन्हे फ़रिश्तों का बेशुमार प्यार..
दोस्ती के बे-लौस लम्हात..

मेरी गुल्लक में अब जगह नहीं
किसी भी बेमायने बात की.
यादों के सब सिक्कों को
मैं निकालती रखती रहती हूं
बग़ैर गुल्लक को तोड़े.
आख़िर,
ज़िन्दगी की हमसफ़र है
ऐसे कैसे तोड़ दूं!

मेरी गुल्लक में अब जगह नहीं
किसी भी बेमायने बात की.

76. जिस्म

बेफ़िक्र बिंदास खेलते बचपन में
जब बंधन रखने को बोला था तो
वह नज़र मां की थी या
लोगों की नज़रों पर उसका पहरा था.!!

इस नये नये से बंधन से
कुछ सकुचाया,कुछ इठलाया
वह नवयौवन का पगफेरा था.

वक़्त संग बदला रूप नया.
फिर मां बनी और
अपने जिस्म के हिस्से को
सीने से लगाया था.
जब उसके नन्हे नाज़ुक होंठों ने
अपनी मोहर लगाई थी
तब जाना था
जीवन का यहां इक बसेरा था.

जीवन से सुंदर और फिर क्या है
अब आगे सोच नहीं पाती हूं.
इस ख़ूबसूरत अहसास से परे भी
कुछ और है क्या, कह नहीं पाती हूं.

77. चलो ,छोड़ो!

तुमने कभी जानना चाहा ही नहीं
दिल पर जब तमन्ना के दाग़ चुभते हैं तो
ज़िंदगी का सफ़र कैसा लगता है!
तुमने कभी जानना चाहा ही नहीं
बीते लम्हों की किर्चियां चुभती हैं तो
ज़िंदगी का सफ़र कैसा लगता है!

तुमने कभी जानना चाहा ही नहीं
जुस्तुजू का अधूरापन चुभता है तो
ज़िंदगी का सफ़र कैसा लगता है!

तुमने कभी जानना चाहा ही नहीं
दुआ का बेअसर रह जाना चुभता है तो
ज़िंदगी का सफ़र कैसा लगता है!
मैं कशमकश में रही ताउम्र कि
तुम मेरे कौन लगते हो!
और,अब क्या हासिल,चलो,छोड़ो!
पर हां,तुम भगवान न कहना ख़ुद को अब से!

78. बग़ावत

बरसों की लापरवाही से उकता कर
एक दिन
दिल ने धमकी दे ही डाली.
जता ही दी सांसो की अहमियत.

बोला-
"अब मेरी बारी है "
तंज़ किया-
"ख़्वाब,ख़्वाहिश की बात करती हो और
दर्द को पनाह मुझ में देती हो!!
सुनता आया हूं खामोशी भी
अनकही सारी बातों की.
संग हंसा हूं रोया हूं संग मैं.
कब से धड़क रहा हूं तेरे लिये
बेख़बर क्यो हो?"

पूछा -
"तमाम बोझ जो मुझ पर हैं, उतार दूं तो!
मैं भी तुम सा बेहिस हो जाऊं तो!!"

समझाया-
"यह जिस्म एक मंदिर है

सांस लेता शव नहीं."
उसकी देखभाल का
एक दीया रोज़ जलाना
ज़्यादा तो नहीं
gratitude में!"

आख़िर
यह दिल और जिस्म ही तो हैं
जो संग जलेंगे.

है न!!

79. जाने से पहले

याद है अब भी
रंग-ए-हिना से सजे पांव
तुम तक पहुँचने की ख़्वाहिश में उचके थे जब
कई ख़्वाब भी बुने थे तब
मगर
हक़ीक़त की चिलचिलाती धूप में
छांव हम-क़दम न हुई, न ही तुम
हालांकि
वक़्त से गिरे तमाम लम्हे थामे थे.

तुम्हारे पांव लड़खड़ाये या कि रास्ते
वजह जो भी हो
ज़िंदगी अब अलग अलग सिम्त में
जाती पगडंडियाँ बनने को है
जिन पर हम अब खो जायेंगे.

बस ,
जाने से पहले एक बार पूछना है.
हौले से एक बार
सुनो,बिछड़ना ज़रूरी होता है क्या !!

80. वो कैसे ज़िंदा है!!

उसने कहा...
"मेरे सामने खड़ा होता था वो
मगर उसके हाथ नहीं उठे कभी
पोंछने को मेरे आंसू

फिर

धीरे धीरे

ख़ुद ही पोंछना अपने आंसू
सीख लिया मैंने.

बाहर ही न आयें मेरे आंसू
उन्हें रोकना
सीख लिया मैंने .

मेरे बच्चे के हाथ न थकें कहीं
पोंछने में मेरे आंसू
उन्हें समेटना
सीख लिया मैंने.

माज़ी में घूम कर
दिलासे को कुछ नहीं मिलता सो
अपना एक हिस्सा छोड़ कर वहीं

दर्द का साथ निभाने को
अधूरेपन को ही पूरा जीना
सीख लिया मैंने."

और
मैं सुन कर ही टूट गई
वो कैसे ज़िंदा है!!

81. शाम और दीये

वजूद के ढलते लंबे साये
वक़्त के अंधेरों से मिलने को
जब हो रहे हों तैयार
तब जलाये रखिये कई दीये
ताकि यह साये धुंधले ही रहें,
घने न होने पायें
अपनों के लिये..

दीया- बेशुमार प्यार और नातों का !
दीया - सच्चाई और ईमानदारी का !
दीया -जज़्बातों और अपनेपन का !
दीया -रिश्तों की ख़ूबसूरती,उन पर फ़ख़्र का !
दीया - पूरे यक़ीन का !
दीया-उम्मीद का !
दीया -दुआओं का!
ज़िंदगी की शाम के लिये
इनकी रौशनी काफ़ी होगी.
तजुर्बा है मेरा!!

82. वक़्त का बहीखाता

जब वक़्त का बहीखाता लेकर
मैं बैठी लेखा-जोखा करने
इस गुज़रे साल का तो पाया कि
मैंने सब कुछ तो जिया -
ग़म भी,ख़ुशी भी .
मैं रोयी भी,हंसी भी.
मैंने झूठ भी देखे,सच भी.
दोस्त बिछड़े भी,बने भी .
ख़ुद को खोया भी,पाया भी.
कुछ सीखा ,सिखाया भी.
नातों को प्यार दिया,पाया भी.
अपने मन से लड़ी भी,समझाया भी.
आस्तीन के सांपों को पहचाना भी,बहलाया भी.
ग़ैरों की ज़रूरत पर उन संग ख़ुद को खड़े पाया भी.
अब इससे अलग फिर ज़िंदगी क्या है
जो अगले बरस जीऊं मैं.
हां,कुछ हदें हैं
जो खींचनी हैं मुझे ज़रूर
ताकि
कोई भी अपनी कमियां
मुझ में ढूंढने न आ पाये,बस!

83. ख़्वाब

सुनो,उठाना मत
मैं ख़्वाब में हूँ
कुछ देर के लिए.

हक़ीक़त से परे
एक नामालूम सा चेहरा है कोई
और
एक हसरत हूँ मैं
जिस्म के मलबे में दफ़्न रह गई कहीं
जो
दिल की दहलीज़ पर दस्तक देती हुई
अमरबेल बन कांधे की एक दीवार तलाश रही है.

दर-अस्ल मर चुकी हूँ मैं
कुछ देर को रूह बन के उतरी हूँ ,बस.

इस दस्तक की चीख़
पशोपेश में डाल गई.
अब आंख खुलने का जश्न मनाऊं कि
ख़्वाब देख पाने का या
हक़ीक़त के जाग जाने का.

जानती हूं
यह ख़्वाब लौटकर न फिर आयेगा
इश्क़ मुक़म्मल होना बाक़ी ही रह जायेगा.

84. इतवार

हफ़्ते भर के इकट्ठा कामों की
लंबी फेहरिस्त थमाते थे
इसलिए
मुझे इतवार कम सा भाते थे.

हां,शनिवार बहुत सुहाते थे.
कल छुट्टी है मेरे दफ़्तर,बेटियों के स्कूल की
यह ख़्याल राहत की सांस भर जाते थे.

कितने ही इतवार यूं ही
ज़िम्मेदारियों की भेंट चढ़ जाते थे
पर
बचपन की यादें ख़ूबसूरत सी रहें
इसलिए मेरा मां दिल ओ दिमाग़ दोनों
कभी-कभी कैकेयी सा बन जाते थे.
Beg,borrow or steal का
Funda अपना कर
Weekdays में बिन बात ही छुट्टी कर
हम सचमुच का इतवार मनाते थे.
जब सब दिन आज एक से लगते हैं
तब मेरा मां मन
अब ख़ुद मां बन चुकी

अपनी दोनों बेटियों संग
उन इतवारी cheatings की
यादों का भरपूर जश्न मनाते हैं.
हम तीनों माँ मिलकर
एक मुक़म्मल इश्क़ हो जाते हैं.
उनके बच्चे भी देखा देखी
ऐसे ही इतवार मनाने के ख़्वाब सजाते हैं.

85. धनक

मैं साथ चलती हूँ अपने नन्हे फ़रिशतों के

मेरी उंगली थामते हैं उनके हाथ.

यह एक अहसास है जो भर जाता है रूह में सुकून.

मैं सुनती हूँ उनकी प्यारी सी तुतलाती आवाज़.

मैं पीछे देखती हूँ तो पाती हूं ख़ुद को

गुज़रे वक़्त में कहीं यूंही अपनी बेटियों के साथ.

मैं अब भी बांटती उनसे वो प्यार के मंज़र

याद मरहम सा असर करतीं हैं मुझ पर.

मैं आगे के रास्ते पर वापस मुड़ती हूँ और

मैं देखती हूँ कि अब मैं थाम रही हूं उनका हाथ.

उम्र के ठहरे पड़ाव पर ख़ूबसूरत है उनका साथ.

मैं साथ चलती हूँ भागते वक़्त के छूटते लम्हों के थामे हुये

यूंही हमेशा एक दूजे का हाथ

और एक धनक अहसासों का चलता है मेरे साथ.

86. मन की झील

मन की झील में फेंका पत्थर है यह सवाल
अगर मैं मां न होती तो फिर क्या होती!

लहरें दर लहरें उठीं ज़हन में
लेके आती रहीं कुछ जवाब
जो मन के किनारों से टकरा कर
निहाँ होते रहे,अयाँ होते रहे.

सोचती रही मैं क्या होती....
रास्ता होती कि मंज़िल होती...
दरिया होती कि सहरा होती...
जुस्तजू होती कि दुआ होती ...
फूल होती कि ख़ार होती..
दर्द होती कि दवा होती...
ज़ख़्म होती कि मरहम होती...
ख़्वाब होती कि ख़्याल होती ...
संभली होती कि बिखरी होती...
ज़िंदगी होती कि जनाज़ा होती...
अगर
ख़ुद को हालात पर छोड दिया होता तो
ख़ाक होती ,हवा के साथ होती....
रिश्तों की भीड़ में तन्हा होती..

कुछ कमियों कुछ खूबियों का मजमुआ होती पर यक़ीनन
औरों की तरह ख़ुदा नहीं होती...
मुझमें जो है .मैं बस वही होती...
जो भी होती बस सच होती...
मुझको मालूम है
मैं अगर मां न होती तो
मैं न होती....

87. डर

डर था
वक़्त की क़ैद में लम्हों के सिमट जाने से.
रंग न उतर जाये कुछ अपनों का पास आजाने से.
असलियत के हैरान कर जाने से.
ख़ुद के मरने में आंख न खुल जाने से.
आख़िरी डर थे यह मेरे.

बस,एक नया सा डर है अब ख़ुद से
दिल की दहलीज़ पर दस्तक देता हुआ कि
अलविदा कह पाऊं अपनों को ठीक से
अचानक न चली जाऊं.....

88. लफ़्ज़ों की सीपियाँ.

मेरे अल्फ़ाज़ के लहजे का रंग है कुछ गहरा सा इनमें
अहसास की शिद्दत है,कोई कारीगरी नहीं.

मेरे अल्फ़ाज़ की बंदिश में नहीं हैं सच सारे
लहजे में उतर ही आते हैं मायने बनकर सारे.

मेरे अल्फ़ाज़ नादान हैं, परेशान न हो जाएँ कहीं
वो कहां जानते हैं ,कौन क्या मायने निकालेगा.

मेरे अल्फ़ाज़ नाज़ुक हैं आईने से,साफ़ कहते हैं
जो नहीं कहा है उन्ही मायनों के पत्थर न मारना.

मेरे अल्फ़ाज़ अकेले नहीं होंगे किसी भी किताब में
हर्फ़ों का क़ाफ़िला रहेगा सदा तेरे मेरे जज़्बात लिये.

मेरे अल्फ़ाज़ देखते हैं ज़िंदगी को बहुत क़रीब से
लाते हैं फिर भी उसके साहिल की रेत से सीपियाँ.

मेरे अल्फ़ाज़ के दिल की बात हर दिल तक पहुँचे
सहेज कर अहसास सजाई हैं लफ़्ज़ों की सीपियाँ.

89. Fate Is Destiny

Me, just a piece of humanity
whatever is it?
Fate, that is what it is..
Fate can be horrible
But, it can be the best.
In life most of the wierdest thing would be that
Without food we can only last 4 weeks..
Without water we can last 4 days only.
But,without air may be only 4 minutes.
Without HOPE,it is not even possible to live.
Because,Hope is fate and fate is life.
It would be impossible to even last 4 seconds
Fate,everyone has this little spark in them.
We all have to set the spark in ourselves and
others on fire.
We are and can be the SPARK.
And FATE is just a Formality.
@Siyona

90. I wish

I wish you were here
I wish that I had you cuddled in my arms
I wish I could have been there for you when
you fell and none thought to catch you
I wish I could've been there to guide you when
you took the leap for new heights
I wish I was there to love you as a normal
person would
I wish that you will one day forgive me.
@Siyona

Siyona

Siyona Kukreja-A budding Poet

Siyona is a very verstile budding poet from Los Angeles ,California.She is just 11 years old but has been conveying even the most abstract thoughts with lucidity from a much younger age.Her poem has been published earlier too in a book "Silent Whispers" .Her poetic expressions have depth and emotional resonance.She writes with her heart.

चंद लफ़्ज़ आख़िर में

स्नेह दत्त

स्नेह दत्त ,सोशल वर्क में पोस्ट ग्रैजुएट हैं तथा दिल्ली सरकार से रिटायर्ड राजपत्रित अधिकारी हैं।कार्य काल के दौरान कई अंतर्राष्ट्रीय संस्थानों के समाजिक विकास से संबंधित विभिन्न प्रोजेक्ट्स से जुड़कर समाज में हाशिये पर रह गये लोगों के लिए काम करने का 32 साल का अनुभव रखती हैं।

सेवा निवृत्ति के बाद विभिन्न ग़ैर सरकारी संस्थाओं से जुड़ कर समाज में सकारात्मक बदलाव लाने में अभी भी प्रयासरत हैं।इसके अलावा मानसिक और भावनात्मक स्वास्थ्य के लिए काम करने वाले कुछ संस्थाओं के साथ काउंसिलिंग के लिये वालंटियर के तौर पर भी जुड़ी रहीं हैं।

इनकी कविताएँ अनेक काव्य संकलनों में प्रकाशित हुई हैं। सह-एंथोलॉजिस्ट के रूप में इनकी 8 पुस्तकें / एंथोलॉजीस हैं -"साझा सफ़र" , "जीवन चक्र", "राब्ता लफ़्ज़ों का","सृष्टि की तरंग", "मृत्युंजय" ","रुद्रप्रिया- The Consort of Shiva" "Unmasked नेमतें"व "कुछ ख़्याल"

इनके हिंदी के चार एकल काव्य संकलन "दस्तक" ,"सरगोशियाँ लफ़्ज़ों की" व "इश्क़ ए लफ़्ज़ां" ,"लफ़्ज़ों का सफर " तथा एक इंग्लिश में "Silent Whispers" प्रकाशित हो चुके हैं।

इनका लिखने का अंदाज़ अहसासों की गहराई लिये ज़िंदगी की चुनौतियों और कमज़ोर लम्हों से उबरने के लिये हौसला अफ़ज़ाई करता है।ख़ुद्दारी की पैरवी करते जज़्बातों को यह बारीकी से अल्फ़ाज़ों में बुनती हैं।

9 798895 449424